AF509395

# NOTICE HISTORIQUE

SUR

## LE CHATEAU

DE

# MAINTENON.

PARIS,
IMPRIMERIE DE A. FIRMIN DIDOT,
RUE JACOB, N° 24.

1829.

# NOTICE HISTORIQUE

SUR

## LE CHATEAU

DE

## MAINTENON.

Le seul aspect du château de Maintenon atteste son ancienneté. Ces tours gothiques, ces traces de pont-levis, ces murailles épaisses défendues de fossés, cette irrégularité de construction, cette teinte de vetusté qu'ont les pierres mêmes, offrent bien l'image de ces vieux manoirs, dont la vue retrace à l'esprit l'histoire et le caractère de leurs anciens maîtres. C'est avec regret qu'on voit disparaître chaque jour de dessus notre sol ces antiques demeures,

débris vivants des temps passés, qui plai-
sent à l'imagination par les mœurs, les tra-
ditions, les souvenirs qu'elles rappellent,
et qui devraient nous être chers comme de
précieux monuments de famille. La des-
cription du petit nombre de ceux qui res-
tent encore doit en acquérir plus d'intérêt.

On ne peut dire précisément à quelle
époque fut construit le corps principal du
château de Maintenon, qui est la portion
la plus ancienne, et auquel plusieurs constructions ont été successivement ajoutées,
comme l'indiquent les différences de style
qu'on y remarque. On sait seulement avec
certitude que le château existait du temps
de Philippe-Auguste, par un acte conservé
dans les archives en date de l'an 1223, qui
est une reconnaissance pour les seigneurs
de Maintenon du droit de fours, moulins,
pressoirs bannaux, et par un acte plus
ancien encore de l'an 1200, qui porte :
« Donation faite par Amaury, seigneur de

« Maintenon, de l'église sainte Marie de
« Maintenon, située au-dedans des murs
« du château, avec la terre qui en dépend,
« à Dieu, à St-Martin de Marmoutiers, et
« aux religieux dudit monastère, pour y
« faire bâtir des cellules, y établir leur
« verger, etc. » Le caractère de l'architec-
ture montre d'ailleurs que la construction
primitive de ce château a dû précéder de
beaucoup la renaissance des arts, et semble
en fixer la date vers le XI ou XII$^e$ siècle.

Les réparations modernes et les chan-
gements qu'on y a faits en ont un peu
modifié l'ancien aspect, sans cependant lui
faire perdre son vrai caractère. Il fut ori-
ginairement construit de forme carrée,
comme tous les châteaux bâtis dans le
même temps et calculés pour la défense;
entouré de fossés qui existent encore, flan-
qué aux quatre coins de quatre tours armées de créneaux et de mâchicoulis : il
était fermé au midi par une forte muraille

qui allait d'une tour à l'autre, et qui a été
abattue pour l'agrément de l'habitation.
Toute l'aile qui se voit à gauche en entrant
dans la première cour, et qui joint une
église voisine au corps principal du château, est la partie la plus moderne, et a été
bâtie par Louis XIV. Madame de Maintenon a rebâti aussi l'aile de l'Ouest, qui est
à droite en entrant dans la deuxième cour,
pour y faire son appartement, qu'on voit
encore.

Après avoir passé par plusieurs mains,
le château de Maintenon échut en 1503 à
Jean Cottreau, trésorier des finances sous
François Ier, par un arrêt du parlement
qui lui adjugea cette terre comme créancier
de l'ancien seigneur. M. Cottreau rebâtit le
château en partie. La petite chapelle qui se
voit dans l'intérieur, ainsi que les orne-
ments qui embellissent la façade et déco-
rent la porte de l'escalier, datent de son
temps. On voit d'ailleurs, par leur style élé-

gant et léger, qu'ils appartiennent à cette époque où le goût commençait à renaître. Les lézards et les croissants qui ornent le bas des deux petites tourelles au-dessus de la voûte, et qu'on retrouve dans différents endroits, étaient ses armes. M. Cottreau réunit à la seigneurie de Maintenon plusieurs seigneuries environnantes, et la laissa en héritage à Jacques d'Angènes, seigneur de Rambouillet, son gendre. Les héritiers de celui-ci la vendirent au chevalier marquis de Villeray qui, lui-même, la vendit en 1674, moyennant la somme de 250,000 livres, à Françoise d'Aubigné, depuis marquise de Maintenon (1).

---

(1) « Je ne sais si des Rollines, qui est très-bien
« informé de tout ce que je fais, vous aura mandé
« que j'ai acheté une terre ; mais il ne sait peut-être
« pas encore que c'est Maintenon, et que le marché
« en est fait à 250,000 livres. Elle est à 14 lieues de
« Paris, à 10 de Versailles, à 4 de Chartres ; elle est
« belle, noble, et vaut dix à onze mille livres de

Une fois qu'elle eut fait l'acquisition de cette terre, quoique son séjour à la cour ne lui permît point d'y faire de longs établissements, elle y porta cet esprit d'ordre qu'elle savait appliquer à tout : elle attira des ouvriers flamands pour y établir des fabriques de dentelle, elle y appela des Normands qui travaillèrent en toilerie, elle y établit des écoles, des manufactures, elle y fit reconstruire des églises, fonda des hôpitaux, et fit tout le bien qu'on pouvait attendre de ses nobles et vertueux sentiments.

La seigneurie de Maintenon avait été érigée, en 1594, en baronie, et en 1641, en marquisat. En 1688, Louis XIV l'érigea en marquisat-pairie.

Lorsque Madame de Maintenon maria mademoiselle d'Aubigné, sa nièce, au duc

---

« rente, etc. (Lettre de madame de Maintenon au comte d'Aubigné, son frère.)

d'Ayen, fils du maréchal de Noailles, elle lui fit don de sa terre, qui, depuis ce temps, est restée en la possession de la maison de Noailles. Les ducs de Noailles l'avaient depuis fort agrandie, en y réunissant le comté de Nogent, le duché d'Épernon, et plusieurs autres seigneuries environnantes.

Le nom de Madame de Maintenon suffit pour illustrer cet ancien château. On ne visite pas sans intérêt la demeure d'une femme dont le nom se rattache de si près à celui de Louis XIV, digne d'être remarquée dans ce siècle où tout fut grand, et qui donna au monde le spectacle, unique peut-être, d'avoir porté et conservé presque sur le trône les vertus de sa première condition. Il reste peu de traces de son habitation dans l'intérieur des appartements qui ont été modernisés. Cependant la distribution de celui qu'elle occupait, est restée exactement la même, bien que la décoration en ait été changée. On montre aussi la pièce qui était la chambre à coucher de Louis XIV, celle qui faisait son cabinet, et la grande galerie par où le roi se rendait, pour assister à l'office, à une tribune qui donnait dans l'église voisine, qui était une collégiale dépendante du château. Il faut encore compter au nombre des souvenirs attachés au château de Maintenon, celui de Racine, qui y demeura pendant un certain temps, lorsque Madame de Maintenon le chargea de composer pour les élèves de Saint-Cyr les tragédies d'Esther et d'Athalie. C'est là qu'il composa en grande partie ces deux chefs-d'œuvre. Il affectionnait l'allée qu'on voit à la droite du grand canal, et s'y promenait souvent en composant ses beaux vers ; depuis ce temps cette allée a conservé son nom. Mais l'objet qui attire principalement la curiosité des voyageurs, est l'aqueduc qui traverse le parc, et qui était destiné à conduire les eaux de la rivière d'Eure à Versailles.

Ce projet, une des plus grandes entreprises du règne de Louis XIV, et dont l'exécution aurait égalé tout ce que les Romains ont fait de plus extraordinaire en ce genre, avait été conçu par Vauban et La Hire en 1680.

Le résultat des nivellements faits à ce sujet fut que la rivière d'Eure, prise à Pont-Goin, dix lieues au-delà de Chartres, était plus élevée de 110 pieds que la cour de marbre du château de Versailles, et de 68 pieds plus élevée que l'étang de Trappes, dans la longueur de 53,700 toises (environ 25 lieues), jusqu'audit étang.

La première partie du canal, dans une longueur de 24,000 toises, depuis la prise d'eau jusqu'à l'aquéduc de Maintenon, devait être à fleur de terre, jusqu'à l'endroit appelé Point-à-Rien de Berchères. Dans cet espace, il aurait fallu traverser cinq vallons. Là aurait commencé une levée en terre d'environ 3900 toises de longueur, dont une partie, aujourd'hui plantée, se voit encore près de Maintenon sur la droite de la route qui conduit à Chartres. Cette levée se serait prolongée jusqu'à l'aquéduc de Maintenon, auquel elle serait venue s'unir, et aurait eu au raccordement 64 pieds d'élévation. Cet aquéduc construit en maçonnerie, sur une longueur d'environ 2300 toises, aurait eu jusqu'à trois rangs d'arcades, posés l'un sur l'autre à l'endroit le plus profond de la vallée. Le premier rang dans le fond du vallon, le seul qui ait été construit, existe encore, et traverse le parc du château. Il est composé de 47 arcades, faisant 500 toises de longueur. Chaque arcade a 40 pieds d'ouverture, 45 pieds de profondeur, et 78 pieds d'élévation sous la voûte, au fond du vallon. Les piles, armées de contre-forts de 6 pieds de saillie, ont 24 pieds d'épaisseur, et l'élévation totale de ce premier étage est de 91 pieds.

Le deuxième rang aurait été composé

de 195 arcades, faisant 2070 toises de longueur. Celles de ce deuxième rang qui auraient surmonté les 47 du premier, auraient
été d'une égale largeur et profondeur, et
auraient eu 85 pieds d'élévation (70 pieds
sous voûte).

Le troisième rang devait être composé,
sur 2331 toises de longueur, de 390 arcades,
ayant seulement 44 pieds d'élévation, et
dont deux pour la largeur auraient répondu
à une du rang au-dessous.

L'élévation totale de ces trois rangs d'arcades aurait été de 220 pieds (1).

---

( 1 ) Le pont du Gard, un des plus beaux ouvrages romains qui soient en France, n'a que 148
pieds d'élévation. La vallée qu'il traverse est beaucoup plus étroite que celle de Maintenon. Il est
élevé aussi sur trois rangs d'arcades ; le 1$^{er}$ rang
n'est composé que de six arcades, le 2$^e$ de onze, il
en reste 37 du 3$^e$ qui en avait un plus grand nombre. Mais les arches sont d'une hardiesse surpre-
nante ; elles ont au fond du vallon 77 pieds d'ouverture.

C'est le troisième étage qui aurait porté le canal dans lequel aurait coulé l'eau de la nouvelle rivière. Il devait avoir 7 pieds 6 pouces de large par le haut, et 7 pieds par le bas, sur une profondeur de 4 pieds. Les corridors, bordés d'un parapet, devaient avoir 3 pieds 6 pouces de large de chaque côté du canal, qui aurait été recouvert d'une voûte dans toute sa longueur. L'épaisseur de toutes ces parties réunies aurait été de 20 pieds.

Aux endroits où les différentes divisions de maçonnerie devaient se raccorder, on aurait pratiqué des escaliers à vis pour monter au haut de l'aquéduc; et les piles du deuxième et du troisième étage auraient été percées par une porte cintrée, pour qu'on pût communiquer d'une arcade à l'autre, et parcourir ainsi la longueur des trois divisions de maçonnerie.

Depuis l'aquéduc de Maintenon, la rivière d'Eure aurait été conduite jusqu'à l'étang de Latour, au moyen d'un canal formé par différentes levées de terre variables comme le terrain; et, comme l'étang de Latour est au point où commence la prise des eaux qui arrivaient à Versailles, les eaux de la rivière d'Eure, une fois arrivées à ce point, auraient coulé partie par des rigoles, partie par des aquéducs souterrains, des étangs aux réservoirs construits sur la butte Satory.

Cet aquéduc était le complément nécessaire des grands travaux faits à Versailles, car il y aurait conduit un assez grand volume d'eau pour que les eaux qui ne jouent qu'une ou deux fois l'année, et à grands frais, eussent pu jouer constamment.

Les travaux auxiliaires faits pour ce grand ouvrage ne sont pas moins surprenants que l'ouvrage lui-même. Pour faciliter le transport de l'énorme quantité de pierres nécessaires à ces constructions, Vauban imagina de rendre navigables, au moyen d'écluses, la rivière d'Eure, celle d'Épernon et le ruisseau de Gallardon. Il fit creuser deux canaux principaux, dont l'un allait à Gallardon, où sont situées les belles carrières de Germonval, et l'autre à Épernon. Comme l'eau de la petite rivière de Voise, qui descend d'Auneau à Gallardon, n'était pas suffisante pour entretenir le canal en pleine navigation, il dériva, par une rigole d'environ 10,000 toises, une partie suffisante de l'eau de la rivière d'Eure pour la conduire dans le biez supérieur du canal, qui se prolonge jusque dans la carrière de Germonval. Outre le canal de Gallardon, dans lequel il y avait cinq écluses, Vauban rendit navigable la petite rivière de Drouette, qui descend de Rambouillet, et passe à Épernon, en la transformant en canal, au moyen de sept écluses, jusqu'à son confluent avec la rivière d'Eure entre Maintenon et Nogent-le-Roi, espace dans lequel furent construites cinq écluses encore.

Au moyen de ces trois navigations artifi-
cielles, tous les matériaux que renferme
cette étendue de terrain arrivaient à Maintenon, où les pierres toutes taillées étaient
transportées sur des bateaux pontés au
pied des ouvrages par deux canaux laté-
raux, creusés parallèlement aux deux faces
de l'aquéduc, et à environ 3o toises de
distance de ces deux faces, tant au Midi
qu'au Nord. Ces deux canaux étaient ali-
mentés par les deux rivières qui passent
sous l'aquéduc, la rivière d'Eure sous les
cinq et sixième arcades, et celle de Voise,
venant de Gallardon, sous la trentième.

Tous ces travaux furent commencés en
1684, et interrompus quatre années après,
à cause de la guerre qui survint alors. Ils
n'ont point été continués depuis. Quoiqu'ils
fussent loin d'être terminés, on en avait
déja achevé une grande partie, et on avait
dépensé des sommes énormes pour cette
entreprise qu'on abandonna bientôt.

La prise d'eau à Pont-Goin, le canal à fleur de terre depuis Pont-Goin jusqu'à Point-à-Rien de Berchères, ainsi que la levée de terre depuis Point-à-Rien de Berchères jusqu'au vallon qui porte le même nom, étaient entièrement achevés.

La traversée du vallon de Berchères n'avait pas été commencée ; Vauban avait proposé dans cette partie la construction d'un aquéduc élevé sur trois rangs d'arcades ; au-delà du vallon la levée qui devait se prolonger vers l'aquéduc de Maintenon existait en partie. Quant à cet aquéduc, il n'y avait que le premier rang d'achevé. La levée qui devait faire suite à l'aquéduc de Maintenon était aussi fort avancée, et la partie de l'étang de la tour jusqu'aux réservoirs situés sur la butte Gobert à Versailles, était en très-bon état et faisait le service de la ville.

Louis XIV employa ses troupes à ces différents travaux. Elles campaient le long des ouvrages ; le camp, qui fut habituellement de trente mille hommes, était commandé par le marquis d'Uxelles, et M. de Caillavel, capitaine aux gardes, y faisait les fonctions d'aide-major (1).

Le Roi allait visiter par lui-même ces travaux. Le château qui n'avait pas une grande étendue ne permettait pas que le Roi y pût mener une suite nombreuse. Madame de Maintenon ne consentit point à ce qu'il fût agrandi ni embelli, quoique le Roi eût donné l'ordre à Le Nôtre d'y travailler, voulant, disait-elle, éviter les comparaisons et crai-

----

(1) « Les ouvrages de Maintenon sont fort avancés ; « la présence du roi n'y gâte rien ; les deux monta- « gnes se joindront par 47 arcades solidement bâties. « C'est de l'aveu de tout le monde un ouvrage digne « des Romains et du roi. Tout cela me ramène sou- « vent à cette réflexion : les hommes sont bien fous « de se donner tant de soins pour embellir une de- « meure où ils n'ont que deux jours à loger. »

( *Lettre de madame de Maintenon à madame la comtesse de St-Geran. 28 juillet* 1687.)

gnant d'être un sujet de dépense pour le Roi. Le seul agrandissement que fit le Roi fut la construction de l'aile dont il a été parlé, et qui se voit en entrant à gauche dans la première cour, où l'on établit des écuries pour le service, et où l'on fit au premier étage la galerie dont il a été question (1).

L'exécution de ce projet aurait été d'autant plus magnifique qu'il présentait l'avantage de pouvoir donner de l'eau potable

---

(1) Le 12 juillet 1686, le roi alla coucher à Maintenon afin d'être plus près des ouvrages que S. M. fait faire pour la conduite des eaux de la rivière d'Eure à Versailles. S. M. les a visités plusieurs fois pendant le séjour qu'elle y a fait et a donné de grandes louanges à M. de Louvois dont l'incomparable activité fait faire des choses surprenantes pour l'avancement et la bonté de cet ouvrage que ce ministre va visiter deux fois par mois depuis environ deux ans qu'il est commencé. S. M. a admiré l'ouvrage de l'aquéduc auquel on travaille sur les dessins de M. Mansard.

( *Mercure de France.*)

non-seulement à Versailles, mais encore à Saint-Cloud et à Paris.

Les nivellements ont fait connaître que les réservoirs de la butte de Satory auraient été plus élevés que le sol de Notre-Dame de 358 pieds ; plus élevés que le sommet des tours de 154 pieds ; et enfin plus élevés que l'estrapade de 214 pieds ; ce qui prouve que l'eau de la rivière d'Eure, prise aux étangs de Satory, aurait pu être amenée dans les quartiers les plus élevés de Paris ; en ayant soin pour qu'elle y parvînt dans toute sa pureté, qu'elle ne traversât aucun des étangs qui se trouvent sur sa route ; et l'on y serait parvenu facilement en faisant passer le canal sur les chaussées de ces étangs, dans les-quels lorsqu'il en aurait été besoin on aurait pu verser une partie de son eau sans que la portion destinée pour la ville de Paris cessât jamais de couler (1).

_______________

(1) Ce projet qui n'avait point échappé aux

Quand Louis XIV eut abandonné le projet de conduire la rivière d'Eure à Versailles, voulant indemniser Madame de Maintenon des dommages que lui avaient occasionnés les travaux exécutés sur son terrain, il lui fit don de l'aquéduc qui traversait son parc, ainsi que des digues, des canaux, et autres terrains situés dans le domaine, et acquis des deniers royaux pour la confection des ouvrages. Ces ouvrages sont aujourd'hui presque entièrement détruits, l'aquéduc en maçonnerie est lui-même fort endommagé. Louis XV fut le premier qui commença à le démolir ; il fit détruire les trois premières arcades dont il ne reste plus main-

---

grandes vues de Louis XIV, fut proposé de nouveau sous le règne de Louis XVI, par le baron de Marivetz qui avait trouvé les eaux de la rivière d'Eure assez abondantes pour assurer le succès de cette entreprise, et avait évalué, eu égard à l'état où se trouvaient les travaux primitifs, la dépense du surplus à 30 millions.

tenant que les piles, pour bâtir dans les environs le château de Crécy qu'il destinait à Madame de Pompadour (1). Plusieurs autres arcades furent successivement détruites pendant la révolution, et ce beau monument n'est plus aujourd'hui qu'une ruine imposante, qui, semblable aux ruines romaines, porte avec elle cet air de grandeur qui caractérise tout ce qui appartient au règne de Louis XIV.

―――――――――――――――――――――

(1) Ce château, qui était situé près de Dreux, a été détruit pendant la révolution.